RE:NA

photographs by Tsuranuku Kumagai

SHUEISHA

一度、普通の女の子に戻りたい

「もう頑張ったよね」という
思いも強くあった

強がって、強がって
強がった日々もあった

「玲奈として生きていける」と
わかって ホッとした

私だって 本当は強くない

同じ波は二度とない
今という時は今しか流れない

まだ役目がある

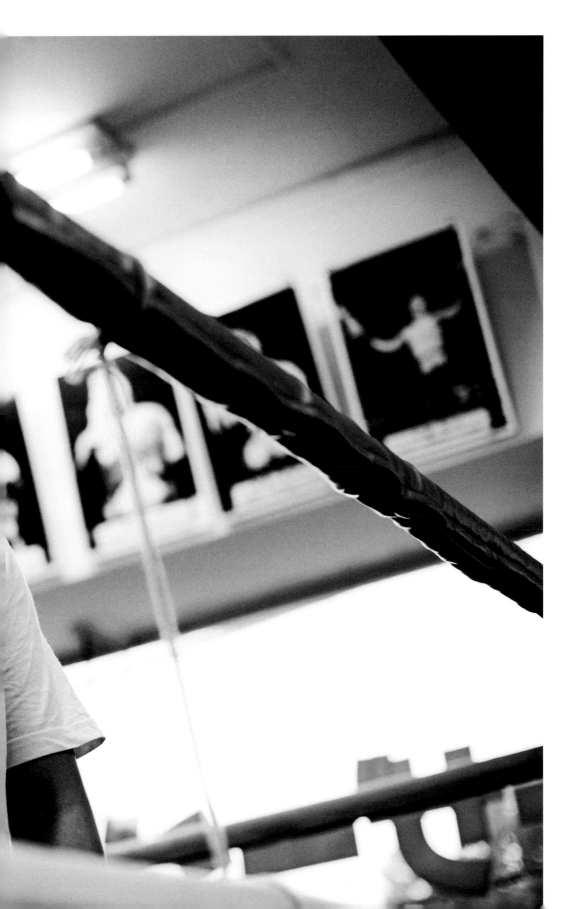

玲奈 ⇆ RENA 27

「ツヨカワクイーン」として女子格闘家初、ゴールデンタイムの
メインイベントを任されるほど時代のスターとなったRENA。
しかし、そこにいたる歩みには、たくさんの困難や試練、悩みもあった。
人見知りで、引きこもりで、人生に無気力だった
大阪の少女「玲奈」が、いかにして
日本中で知られる「RENA」になったのか。
過去、現在、未来──27歳の今。

小学3年生から引きこもり気味に。
本当に行き場のない状態だった

　1991年6月29日、大阪で4姉妹の末っ子として生まれたRENAこと久保田玲奈。まずは幼少期の想い出や、家族の影響もあり引きこもり気味だったという小学生の頃の話から。

——幼少期はどんな子供でしたか？

「ちょっと人見知りで、いつも母の後ろに隠れるような子供でした。でも外で遊ぶのはすごく好きで、団地の公園のブランコや鉄棒で遊んだり。中でも一輪車がすごく得意で仲のよい男女3人ぐらいで毎日時間も忘れて技を競っていた記憶がありますね。後ろ向きでもこげたし、幼稚園の発表会みたいなところでも選抜されて披露した覚えがあります」

——男子とケンカするような、おてんばな子ではなかった？

「ケンカなんて1回もしたことなかったです。子供の頃から男勝りだったと思われがちだけど、ちゃんと『シルバニアファミリー』とか『リカちゃん』でも遊んでましたよ（笑）。夢はケーキ屋さんでしたし。おてんばどころか、性格的にはむしろ照れ屋で引っ込み思案でした。幼稚園の遠足で、ちょっと好きだった男子とペアになって手をつないでいる写真があるんですけど、鼻がブクッと膨らんでて（笑）。実はこれ、照れると今でもたまになるみたいなんです」

——4姉妹の末っ子。お姉さんたちとは仲良しでしたか？

「姉たちはみんな、地元ではわりと有名なヤンキーだったんです（苦笑）。私は一番下で年齢も離れていたから、いつもいじめられたりパシリに使われたりしていて。口ゲンカでは勝てないし、本気のケンカなんか挑んだらもっと勝てないから、いつも『うるさいんじゃブス！』とか捨てゼリフを残して扉をバーンと閉めてトイレに隠れるみたいな、末っ子なりのせめてもの抵抗を示してました。だからいつか絶対に自分も強くなって、姉たちをシバいたるからなって思ってました（笑）。そんな毎日を過ごしているうちに小学3年生ぐらいから、徐々に学校を休みがちになって。たぶん、姉たちもあんまり学校に行ってなかったので"私もいいや"みたいな感じだったのかな。あと、やっぱり両親の離婚問題は大きかったです……。正式に離婚が成立したのはもっと後ですが、物心がついたぐらいから二人は仲が悪くていつもケンカをしていたし、母が家を出る話もしょっちゅうで、なんだかいろんなことがイヤになっちゃったんです。たぶん当時は相当、暗い子だったと思います。無気力で、冷めていて。そのうち朝も起きられなくなって、『なんで学校なんかに行かなきゃいけないんだろう』って思うようになって」

——友達や学校の先生と何かがあったわけではなく？

「はい。何も。普通に友達はいたし、学校に行けば行ったで楽しかったんですけどね。実際、遠足や学芸会などのイベントの日には必ず行ってたんですよ。だからクラスメイトからは『お前、イベント女やなぁ』って言われてました（笑）」

——その後はどうなったんですか？

「小学5年生ぐらいから完全に引きこもり状態になりましたね。この頃は人見知りもますます激しくなっていて、両親ともほぼ口をきかない感じでした。特にこれというきっかけがあったわけでも明確な理由があったわけでもないのですが、やっぱり両親に対する不安が大きかったんだと今は思います。中学1年生の時に離婚が決まって、母が家を出て行くことになったんですけど、その時に父が三女の姉か私のどちらかを選ぶという流れになって。その時、お母さんっ子だった私を気づかってか父が三女を選んだので、私は母と一緒に出て行くことに」

——それはつらかったし、傷つきましたよね……。

「『お父さんなんて嫌い。なんやねん、あのオッサン』って言いながらも、心の中では"……なんで私のこと大事に思ってくれへんのやろう？"みたいなのはずっと心の中に引っかかっていて。当時、私は日記みたいなのをつけていて、『どうして離婚するんだろう』『私のせいなのかな』『戻ってほしいな』とか書いていたんです。それを母に見られたのか定かではないんですけど、その後、離婚はしていましたが一度、家に戻ることになるんです。でも両親のギクシャクした感じは変わることもなく……。そのうち、私も返ってこない愛に見返りを求めてもしんどいだけとわかってしまって、ある日プツンと自分の感情をなくしてしまったんです」

——引きこもっていた間は、家では何を？

「ひたすらアニメを観たり、ゲームをしたりしていました。『クレヨンしんちゃん』と『ドラえもん』、あとはカートゥーンネットワークにも入っていたから、それでいろんなアニメを観て。それでも時間を持て余していたから、家にあったVHSのビデオをあれこれ観て、頼まれもしないのに録画されていたものを細かく紙に書いてわかりやすく整理したり（笑）。本当に、しょうもない時間を過ごしていましたね」

——家族には何も言われなかったんですか？

「朝、母が起こしに来るんですけど、10時になれば仕事に行ってしまうので、そこからはずーっと家にいましたね。今思えばさみしかったのかもしれないけど、その時は何も考えないように、いろんな感情を電源を切るようにオフにしていました」

——そんな毎日を「つまらないな」と思わなかったんですか？

「つまらないっていうよりは、"私、何してるんだろう？"って。小学6年生にもなれば、少しは将来のことも考えるし、この先どうなっちゃうのかなって、漠然とした不安はありました。このままじゃダメとわかってはいるんだけど、でも、どうすればいいのかわからない。今、思っても本当に行き場のない状態だったと思います」

①1991年6月29日、4姉妹の末っ子として大阪に生まれる。②2007年12月23日「SHOOT BOXING 2007」でシュートボクサーデビュー。勝利を飾る。③09年8月「Girls S-cup日本トーナメント2009」で初優勝！10年に初開催された「Girls S-cup世界トーナメント2010」を制し、12年8月に右足手術をしながら強行出場した「Girls S-cup世界トーナメント2012」でも優勝。⑤15年「Girls S-cup 2015」で初代シュートボクシング女子世界フライ級王者決定戦に勝利。⑥15年から総合格闘技「RIZIN」に参戦。自身初の総合格闘技ルールでの初戦は、腕ひしぎ十字固めで勝利を飾り、"ジョシカク"ブームのきっかけに。©RIZIN FF　⑦大きな支えとなる姉妹たちと。左からRENA・三女・次女・長女。

シュートボクシングに出合って久しぶりに感情のスイッチが入った

　小学3年生ころから学校に行かずに、家に引きこもるようになった少女時代の玲奈。漠然とした不安をかかえていた彼女を救ったのが、格闘技との偶然の出合いだった。

「小学6年生の時、家の近くに見慣れない看板を見つけたんです。『格闘技スクール シュートボクシング』と書いてあって、ジュニアクラスもあるらしいと。当時の私は完全に引きこもり状態でしたけど、『強くなりたい！』という気持ちだけはすごくあって。他のジムや道場にも一応見学には行ったのですが、もう直感で『ここに行きたい！』と思ったんです。それで母に通わせて欲しいって頼んだんですけど『まずそんなん言う前に学校行け』と言われて。でも私はどうしても諦めることができなくて何度も何度も必死にお願いしました。私がそんなに感情を出して何かをお願いしたことがなかったので、母が『1回だけ行ってみようか？』と折れてくれて」

——念願かなって行ってみたジムはどうでしたか？

「体験レッスンで先生に『パンチでもキックでも何でもいいから、かかっておいで』と言われてやってみるんだけど、これがまったく当たらなくて（苦笑）。どれだけ本気でやっても、ヒョイヒョイヒョイって面白いくらいに、全部かわされてしまうんです。すごく悔しいんですけど、気づいたら『めっちゃ楽しい！』って夢中になってる自分がいて。その時に久しぶりに感情のスイッチが入ったのを今でもはっきり覚えています」

——普通、うまくできないとイヤになっちゃいそうですが。

「私はその逆で、できないのが楽しかったんだと思います。こんなに楽しいのはいつ以来だろうって。きっと表情も久しぶりにいきいきキラキラしていたんでしょうね。母もうれしかったようでジムに通わせてもらえることになったんですが、そこから私の人生はガラッと変わりました。相変わらず朝は起きられなくて学校にはあまり行けなかったけど、夜は毎日ジムに通うようになったんです。練習はやればやるほど面白くなっていったし、ジムでいろいろな人と触れ合うことも楽しくなってきて。『私、生きてるんだ』という感覚を取り戻せた気がしました」

——その後、生活も変わってきたんですか？

「はい。中学生になると徐々に学校にも行くようになりました。ジムで先生たちに毎日『今日は学校行ったんか？』と聞かれるんですけど、ちゃんと行った時は『おお、すごいやん！』とほめてもらえて。それがすごくうれしくて。学校に行ってほめられたいって思うようになりました（笑）」

——シュートボクシングもメキメキ力をつけていった？

「同年代の女子の中では体格もいい方だったので、ジュニアの大会でもほとんど負けたことがなかったですね。そのうちもう戦う相手もいないみたいな感じになって」

——ちなみにアマチュア時代の一番最初の試合って覚えてますか？ つまり人生におけるデビュー戦。

「覚えてます。小学6年生の時、場所は大阪の中央体育館だったかな。相手は5年生で体も小さかったこともあり、そんなに緊張もしなかったですね。試合は判定で圧勝したと思います。当時はトロフィーをもらうことにすごく憧れていたので、勝った瞬間、『やったー！』って大喜びしたのを覚えています。でもトロフィーをもらえるのはトーナメントで、私が出場したのはワンマッチだったからメダルで……。勝った喜びなんて吹っ飛んでしまって、すごくがっかりしました。だから、今も記憶に残っているのはトロフィーをもらえなかった悔しさなんです。メダルでも喜ばなきゃいけないんですけどね（笑）」

——どうして、そんなにトロフィーが欲しかったんでしょう？

「う〜ん。たぶん普通に生きていて、トロフィーをもらうことなんてなかなかなかったからかな。たとえば学業でもらうのなんて私には絶対ありえなかったし。だから、初めての試合後は"次は絶対にトロフィーをもらってやる！"って、変な闘志を燃やしていましたね（笑）」

——格闘技を始めたことで人生が動き出した。

「そうですね。毎日の時間の使い方も全部変わったし、練習をしたり他人と触れ合うことで人としても変われました。格闘技に出合ってなかったら、たぶん、あのままずっと家に引きこもっていたと思うし、ひょっとしたらグレていたかも……」

——そうした変化を、お母さんはどう見ていたんですか？

「少しずつ変わっていっていることは最初から感じてくれていたみたいですけど、私も意地っ張りで家では素っ気なくて、そんなに話をすることはなかったんです。とはいえ月謝がいるし、試合に出るのにもお金がかかるから、試合が近くなると私から『ねぇ、試合あんねんけど……』みたいな（笑）。当時はもう母子家庭で、きっとお金もなかったと思うんですけど、母はいつもふたつ返事で出してくれて。そのうち私が気まぐれに『お母さん、試合見にきてもいいよ』と言う時があったみたいで、その時は必ず会場に来てくれていました。ずいぶん後に聞いたんですけど、実は感情を少しずつ表すようになっていた私を見ていてすごくうれしかったみたいです」

——徐々にコミュニケーションもとれるようになったんですね。

「はい。最近テレビ番組の企画で母から手紙をもらって知ったんですが、そこには『玲奈がジムで明るくいきいきした表情で頑張っているのを見て、お母さんうれしくて階段の踊り場で涙があふれるのを必死に堪えていたんだよ』と書いていて……。"あぁ、なんだ、やっぱりお母さんは私のこと見てくれてたんだ！"と、本当に胸が熱くなり、母にもつらい思いをさせてしまっていたんだなって涙が出てきちゃいました」

玲奈からRENAへ。みんなの笑顔を見て、もっともっと勝ちたくなった

シュートボクシングに出合ったことで人生が変わった玲奈。少女は成長し16歳でプロデビュー。プロの格闘家となった。

——プロの格闘家を意識し始めたのはいつ頃ですか？

「小学校の卒業文集に『将来はチャンピオンになりたい』と書いていたので、その頃から漠然とは思っていたみたいです。結局、アマチュア時代は40〜50戦くらいして1回しか負けたことがなかったので、次第に周囲からも『そんなに強いんだからプロになれば？』みたいに言われていました。みんなにおだてられて、ちょっとその気になったりもしたんですけど、"プロは練習がしんどそうやし、そこまでしんどいのは嫌だなぁ"という気持ちもあって踏み切りがつかなくて。そんな時にジムの先生が『とりあえず一回やってみて、もし無理やったらすぐ辞めていいよ』と軽い感じで背中を押してくれたので、"じゃ、やってみようかな"と」

——2007年、16歳でプロデビュー。キックボクシングの大会で場所は東京の新宿FACE。この試合のことは覚えてますか？

「はい。さすがに緊張でガチガチでした。でも、アマチュア時代もほとんど負けたことがなかったから、"きっとイケる。大丈夫！"と思ってのぞんだのですが、結果は判定負け。この時は自分が負けたってことがまったく理解できなくて。ただただ、プロの世界は厳しいんだなってことを思い知りました」

——かなり悔しかった？

「本当に悔しかった。でも"完全に調子に乗ってたんだなぁ"ってすぐに反省していました。たぶん天狗になっていたんです。でも、負けたことでちょっと別のスイッチが入って、"よし、もう一回真面目にやってみよう。それで次も勝てなかったらその時はプロは諦めよう"って。今となってはあの試合で負けて本当によかったと思う。もし、勝っていたらきっと、"なんだ、プロってちょろいじゃん"ってますます天狗になっていたんじゃないかな。そうしたらもっと早い時期に辞めていたかもしれないし、今のRENAもいなかったと思うんです」

——そこから約半年後の2007年12月23日。シュートボクサーとしてのデビュー戦。ここで勝利！

「もう絶対に負けたくないって思っていたし、負けたら本当に引退しようという覚悟を決めてリングに上がったので、無事に勝てた時は"勝つことは何にも代えがたいほどうれしいことなんだ"っていうことを改めて感じました。毎日毎日"勝ちたい！勝ちたい！"と思いながら練習して、減量して、いろんなことを犠牲にして頑張った。そしてやっと勝てた。でも、勝てたこと以上にうれしかったのは、まわりの人たちが喜んでくれている姿を見られたこと。これが一番でした。セコンドだったり関係者の方たちだったり、勝ったらみんなで笑えるじゃないですか。みんなの笑顔を見て、もっともっと勝ちたいって思いました。この思いは今もまったく変わってないです。しょぼい試合内容だったら会長に叱られるけど、それでも勝てば『すいません、へへっ』って笑える。やっぱり勝たないとダメだなって」

——実はこの初勝利の時はまだ、リングネームは「RENA」ではなく「クボチューン・レーナM15」でしたよね。

「やっぱりそれ、答えないとダメですか（笑）。当時のジムの先生のひとりがそういうリングネームでプロとして試合をされていて、その妹分ということでつけていただいたリングネームなんです。私は特にリングネームにこだわりはなかったし、大阪ノリで"面白いならいいやん"みたいな感じでそのままにしていたんですけど、デビュー2〜3戦ぐらいしたら、協会やいろいろな方から『あの名前はどうにかならない？』って言われて、RENA（レーナ）に直していただいたんです」

——新しいリングネームはどう思いましたか？

「当時は『名前変えられるんだ〜』って少ししろめたい思いもあったんですけど、今となっては考えてくれたマネージャーに感謝しかないです（笑）。本名は玲奈（レナ）だけど、もともと『レーナちゃん』と呼ばれることも多かったからしっくりきていましたし。今でも『レナちゃん』『レーナちゃん』の両方、呼ばれるんですけど、どちらにも返事しています。でも、たまに『レイナちゃん』って呼ばれる時は『レイナじゃないです、レナです』って、そこだけはきっぱりと否定しています（笑）」

——ともあれ、ここから勝利を積み重ね、RENAの名は格闘技界だけでなく、一般にも一気に広まっていくことに。その当時はどんな思いでしたか？

「どんどん世界が広がって楽しくなりました。勝つたびに注目されるし、メディアにも徐々に取り上げていただくようになって。高校生だったから『JK格闘家』という響きも取り上げやすいですもんね。そうして自分のまわりの輪がどんどん大きくなっていく感覚はありました。それにアマチュア時代は出場費を払って試合に出ていたのが、プロになったらお金をもらえる立場になった。最初のキックの試合はたしか3万円とかで、そこから交通費と宿泊費を引くと結局はマイナス、なんてこともありましたけど、それでもファイトマネーがもらえるのはうれしかった。シュートボクシングでは、交通費と宿泊費を別にいただけたので、当時大阪にいた私にとっては本当に助かっていましたね。初めてチャンピオンになった時は、優勝賞金で母を石垣島に旅行に連れていきました」

——親孝行ですね。

「ただ、そこから『来年はどこに連れていってもらおうかな』って毎年お母さんを旅行に連れていくルールが勝手にできあがっちゃって（笑）」

『RIZIN』に挑戦。"期待されるRENA"に追いつきたい。でも、追いつけない

　デビューから2年後の2009年8月。18歳で『Girl's S-cupトーナメント』で優勝し念願のチャンピオンに。RENAの快進撃は続く。そして"女子格闘技"を背負う立場となっていく。

　「『S-cup』というのは『シュートボクシングW杯』の略で、立ち技格闘技の最強王者を決める世界トーナメントなのですが、2009年に女子のGirls S-cupの第1回トーナメントが開催されたんです。会長からも『お前のための大会だぞ。チャンピオンになれ』と言っていただいていましたし、『絶対に負けられない！』と思ってそれまでにない覚悟を持って挑みました。自分が女子格闘技を引っ張っていかなきゃという意識も芽生えてきていたし、それだけにプレッシャーも大きかったんですけど、長年の夢だったチャンピオンになれてベルトを手にした時に心からホッとしたのを覚えています。この時、試合後に初めて母にリングに上がってもらって、『ありがとう、チャンピオンになれたよ』と言えたことは、小さい頃にたくさん迷惑をかけた私を見捨てずに強く育ててくれた母への初めての恩返し。私にとって大事な一生の思い出です」

──そんな風に、自分が女子格闘技界を引っ張っていかないといけないと初めて思ったのはいつ頃からですか？

　「デビュー後、わりと早い段階からだと思います。当時、シュートボクシングは女子選手はほとんど引退されていて、久々に後楽園ホールで試合ができるようになった女子選手が私だったんです。デビューから数試合は自分をアピールすることに必死だったけど、勝っていくうちに自然と"私しかいないんだから、私が引っ張らなきゃ！"と思うようになりました。

　私自身、シュートボクシングに出合って人生が変わりましたし、ここまで育ててきてもらったので、その恩返しがしたいという思いが根本にありました。あと、シュートボクサーはファミリー感が強く、"みんなで盛り上げていこう！"みたいな雰囲気が浸透しているのがすごく好きなんです。だからもっとシュートボクシングを知ってもらうために、私が頑張らなきゃという思いはずっと持っているし、ずっと変わらないと思います」

──その後、『Girl's S-cup世界トーナメント』を3回制し、もはや立ち技では敵なしの『絶対女王』と言われるように。そんな中、15年には総合格闘技『RIZIN』に進出。総合、特に寝技はまったく経験のなかったジャンル。文字どおりゼロからの挑戦に不安はなかったんですか？

　「世界チャンピオンにもなれたしキックボクシングを含めた立ち技格闘技界では誰にも負けない自信もありましたけど、シュートボクシングがより注目されるには何をしたらいいんだろうと考えた時に、やっぱり自分が他のステージにもチャレンジしてみる必要があると思ったんです。それによってさらに注目してもらえるし、世界も広がると考えました。もちろん『挑戦』って口で言うほど簡単じゃないし、すごく悩みもしました。正直、いまだに正解だったのかどうかもわからない。でも、これからの選手のために新しい道を作りたかったし、私が挑戦することで女子格闘技がもっと盛り上がるなら悩んでいるよりやってみようと思って。総合格闘技はアメリカのUFCというイベントのチャンピオンだったロンダ・ラウジーという人気女子選手の活躍もあって、世界的にもすごく注目が集まっていたので、この波に乗るには今しかないとも思ったんです」

──総合に挑戦して今年で3年。実際に経験してどうですか？

　「みなさんが考えている以上に競技としては別のものです。総合格闘技に関しては本当にゼロからのスタートだったので覚えることが多くて毎日が勉強です。打撃ひとつとっても距離感が微妙に違うし、ボクシンググローブからオープンフィンガーグローブに変わると、当てる間も違うし、握り方ひとつで殴った自分の拳も痛めます。寝技はやり込めば強くなると言われているけど、逆に言えば習得にはそれだけ時間がかかるもの。立ち技での勝負なら今でも誰にも負けないけど、総合に関しては、まだまだ幼稚園・小学生レベルだと思っています。試合をやるたびに成長を感じているのは確かですが、それでもみなさんが求めているレベルには、まだまだ全然届いていません」

──それでも15年、大晦日の総合デビュー戦で勝利すると、その後の約2年間は負けなしの6連勝。ゴールデンタイムの地上波放送では、実際のメインイベントよりも大きな扱いにもなりました。女子格闘技界を牽引するRENAがどんどん大きな存在になっていくのを、ご自身はどんな風に思っていたんですか？

　「女子格闘技界を引っ張りたい、格闘技を盛り上げたい、その一心で頑張ってきたので、私の想いや女子格闘技に対する世間の評価が点と点からようやく線としてつながって、格闘技に興味のなかった方々にも少しずつ見ていただけたり知っていただけるようになったことは素直にうれしいです。だけど、注目度ばかりが先行することには違和感も感じていました。練習ではできないことだらけでいつもボコボコにされているし、自分の実力がまだまだってことは自分自身が一番わかっています。だけど試合では気持ちを限界まで集中してなんとか勝つこともできた。そうなると、周囲の期待はますます大きくなっていって『RENAならもっとできるんじゃない？』って。自分の中では『違うの。今でも精一杯。頑張るから少し待って！』と心の中で叫んでいるんだけど、時間と世間の期待は待ってはくれない。"みんなの期待するRENA"に私も追いつきたい。でも、すぐには追いつけない。それがつらかった。しかも、本当の自分とのギャップは日に日に大きくなる一方で……。自分を追い詰めてしまって、どんどん苦しくなっていきました……」

本当の私は全然"ツヨカワ"じゃない。
幸せな家庭を味わいたい夢もある

　2017年大晦日、『RIZIN』のトーナメント決勝で浅倉カンナ選手に総合で初黒星を喫し、2018年7月のリマッチでも敗戦。試合後の会見で、「今は少し格闘技から離れたい。一回普通の女性に戻りたいと思う。少しだけ離れていろいろリフレッシュしたい」と話した。

「昨年の大晦日のトーナメントでは総合格闘技で初敗北。しかも一本負け。その試合も7月に組まれたリマッチも、当然、本気で勝つことを目指していたので本当に悔しかったんですけど、それよりもみんなの期待を裏切ってしまったこと、それがとにかく申し訳なかったしキツかった。でも、負けたことで不思議とホッとした自分もいて。『これが今の本当の私の実力なんだ』って思えたしそれを見てもらえたというか、周囲の期待とのギャップに苦しまなくてよくなったというか。同時に、"ちょっと疲れたなぁ……"って。もういいや、ここで少し休みたい、立ち止まりたいと思いました」

——試合後の一時休業の発表。これにはどんな思いが？

「総合格闘技を始めてから3年、ずっと走ってきて。それも、これまでとはまったく違う道を、二足歩行と四足歩行ぐらい違う走り方で突っ走ってきました。気づいたら"RENA"が"玲奈"よりもずっとずっと遠くにいってしまったような気がして。だからここで一回、ゆっくりと自分を見つめ直す時間が欲しいと素直に思ったんです。あんなにみんなの期待に応えたいと思っていたのに、どうしてその期待に苦しむようになってしまったんだろう？　本当にこのまま格闘技を続けていっていいのかな？　将来のことを含めていろいろゆっくり考えたいなって」

——「一回、普通の女性に戻りたい」とありましたが、RENAさんにとっての「普通の女性」はどんなイメージ？

「何だろう……常に強さを求めたりとか、人と自分を比較したり、誰かと対戦して勝ったとか負けたとか、そういうことを考えない女性の生活をしてみたいなって思ったんです。今、誰が強いとか誰が勢いがあるとか、そういう情報が自分のまわりにはあふれていて、自分では気にしていないつもりなのに一度頭の中に入ると、どんどん想像が膨らんでしまう。それで自分を追い込んで、疲れてしまう。"ツヨカワクイーン"なんて呼んでいただいているけど、本当の自分は全然"ツヨカワ"じゃない。別に可愛くもないし精神的にも強くないし、戦うこと自体が好きなわけでもない。とにかくここで一回リセットして、格闘技を終えた後の将来のことも少し考えなきゃと思ったんです」

——現在、27歳。どんな職業でも、女性としての将来を考える年齢でもありますよね。

「やっぱり将来的には結婚して子供を産みたいっていう理想はあります。特に子供が欲しいっていう気持ちはすごく強いですね。昔は20歳で結婚して23歳ぐらいで子供を産みたかったんです。でもそれが実現しなかったので、次は23歳で結婚して26歳で産んで……とか思っていたんですけど、気づいたら27歳になっていてガーンって（苦笑）。もちろん格闘技も今しかできないことなので、そこに後悔はないですけど、自分の運命といいますか少しだけ複雑な思いもあります」

——子供は何人欲しいとかってありますか？

「3人は欲しいですね。男の子ひとりに女の子ふたりかな。大人数でわちゃわちゃしたいんです。今はおはぎとみたらしというワンちゃん2匹と生活しているんですけど、将来的には『誰が散歩いくねん？』『えー、ママやってよ！』『なんでママなのよ』みたいな、そんな賑やかな会話のある家庭に憧れます。娘に『お母さん、一緒に買い物に行こう！』なんて言われたらうれしいんだろうなって思います」

——今でも、この先でもいいけれど、RENAさんにとっての本当の「幸せ」って何でしょう？

「何でしょうね。日々自分なりの幸せはたくさん感じているんですけど、自分にとって一番欠けている部分って、やっぱり家族のことだと思うんです。家族愛は持っているつもりだけど、いわゆる"幸せな家庭"を味わったことがないので……。だから自分が家庭を築いた時に、そういう幸せみたいなものを味わえるのかどうか。そもそも、そういう幸せが本当にあるのかどうかもわからないけど憧れる気持ちはあります。子供の頃から、すごく人の顔色をうかがってきたんですよね。両親にも、姉たちにも先生やまわりにもそうでした。だから自分が幸せかどうかよりも、まわりのみんなが幸せだったら自分も幸せ、みたいな感じがあって、それは今も変わってないんです。何度も言っていますが、だからこそ試合に挑んで勝ってうれしいのもみんなが喜んでくれるからなんです」

——いつかは格闘家を本当に引退する日も来ると思うけれど、将来的にやってみたいことってありますか？

「辞めた後のことは想像できないし、まだ何も決めてないです。ただ、小学生が将来の夢を語るみたいに言っていいなら、家族でドッグカフェをやったり、かき氷屋さんとかもやってみたいかなってくらい（笑）」

——可愛い（笑）。でも、格闘技を教えたりとかは？

「う〜ん……自分の生徒ってなると、やっぱり感情移入しちゃうから大変なんですよね。だから、たまにジムに顔出して『もっとちゃんとせいや！』『こういうところが悪いねん』みたいなのを、ちょいちょい口出しにくるおばちゃんでいたいです（笑）。生徒たちに『あの……あなたは一体、誰なんですか？』って聞かれたら『おばちゃん、昔はスゴかってんで。今はできへんけどな』ってガハハって笑ったりして」

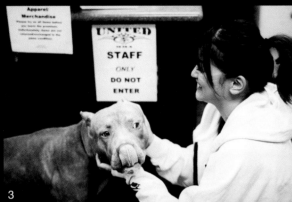
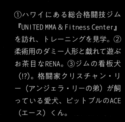

①ハワイにある総合格闘技ジム『UNITED MMA & Fitness Center』を訪れ、トレーニングを見学。②柔術用のダミー人形と戯れて遊ぶお茶目なRENA。③ジムの看板犬(!?)。格闘家クリスチャン・リー(アンジェラ・リーの弟)が飼っている愛犬、ピットブルのACE(エース)くん。

④アメリカの女性総合格闘家で、「ONE世界女子アトム級」現チャンピオンのアンジェラ・リーとSNSを交換し合う。その日、2ショット写真がアンジェラのSNSに上がり、格闘ファンの間でザワつく奇跡的な1枚に。⑤言語の壁を飛び越えて、格闘技という共通の話題で盛り上がるふたり。

アンジェラと会ったり波を見て気がついた。格闘技を、もっと楽しんでやらなきゃ！

休業宣言から約3か月が経った11月1日。ブログで現役続行を宣言した。その間、どんなことをして過ごし、どんなことを考えて復帰にいたったのか。RENAの今、そしてこれから。

「最初の2か月はトレーニングはほとんどせず、本当に久しぶりに自分の時間を過ごしました。母や姉の家族と旅行に行ったり、サーフィンをしたり、台湾やハワイ、タイなど海外旅行に行ったり。やっぱり日本にいるとルーティンで同じ人にしか会わないし、小さな世界におさまってしまうじゃないですか。だからいろいろな国の文化に触れたり、普段はやらないスポーツに挑戦してみたりして、それで何か新しいもの、忘れていたものが見えてきたらいいなって」

——RENAをお休みして、久しぶりに玲奈の時間を過ごしてみて、見えてきたものって何だったんでしょう？

「当たり前なんですけど『RENAじゃなくて、玲奈としても生きていけるんだ』ということはわかりました（笑）。それはちょっとホッとした部分です。だけど、それ以上にRENAとしてまだやりたいっていう気持ちがすごく残っていることにも気づいたんです。"もっと強くなりたい。格闘技でもっといろんな人に出会いたい。もっと戦いを楽しみたい"って。実は今回のハワイロケで、世界の女子格闘技のトップ選手のひとりでもあるアンジェラ・リーと会ったんです。彼女は結婚後も格闘技を続けていて。しかも現役のチャンピオン。だから、きっといろいろな重圧もあると思うんですけど、すごく楽しそうに格闘技に取り組んでいて。彼女のそんな姿を見たり、実際に話したりして気づいたんです。勝っても負けてもいいから、もっと楽しんでやらなきゃダメでしょって。ここ何年かの私は、ひとりで思い詰めて、自分を追い込みすぎていたなって」

——ひとつ確認をさせてください。休業宣言した時は「引退」という選択肢も現実的にありましたか？

「はい。本気で考えましたし、その選択もありえました。ただ単純に疲れた、休みたいっていう一過性の感覚ではなくて、『もう結構、頑張ったよね』という思いも強くありましたから。それでも自身と向き合うための自由な時間を経て自分の心に素直になったら、まだ辞めるという選択はできなかった。私はもともと0か100かの性格なんですけど、格闘技に関してはやっぱりまだ0にはなれなかった。最近サーフィンを始めてかなりブームなんですけど、ハワイのビーチで波を見ながら考えたんです。波ってひとつひとつが全部違って、同じ波は二度とこない。時間の流れもこれと同じで、今という時は今しか流れない。そして、"自分はまだ動けるよね？　まだやりたいんだよね？　じゃあなんでやらないの？　それはしんどいことから逃げてるだけじゃない？"って。そうしたら自然と涙があふれてきて自分の中で答えが出ていました。『私、まだできるじゃん！』。格闘技のことを考えない生活をしたいと思って休業宣言をしたけど、やっぱりまだそんな生活ができるわけなくて。まだまだ『女子格闘技界にはRENAがいなきゃダメでしょ』って言いたいし思われたい。普通の女性に戻るのはまだ早いって」

——では今後のキャリアについてはどう考えていますか？

「そんなには長くはないと思っています。やっぱりプロ現役生活10年を越えると体もケガだらけですし。だから、あと何年やるのか期限を決めて、そこまで完全燃焼したいです。最後はスカッと辞めたい（笑）。総合格闘技に挑むと決めてから、最初は格闘技を始めたばかりの頃のように全てが新鮮で楽しかったのですが、試合を重ねるごとに期待が大きくなり、いろいろなことを難しく考えて自分を追い詰めてしまっていました。だからもっとシンプルに考えたいと思ったんです。これからやってくる波に乗れるだけ乗って、格闘技界を盛り上げるだけ盛り上げて、それで自分が楽しかったと言えればそれでいいんじゃないかなって。立ち技では一番になった。さらに総合でも一番になったらスゴいでしょって（笑）。そこを目指して、前向きにやっていきたいと今、本当に思えています。

女子格闘技は今、ようやく少し注目してもらえるようにはなりましたけど、男子も含めて、格闘技がもっともっとポピュラーでメジャーなスポーツにならないといけないんです。それこそ野球やサッカーに並ぶぐらいにならないと。だって小さい頃からそれらのスポーツと同じかそれ以上に毎日練習に打ち込んでいる子供たちって本当に全国にたくさんいるんです。そのために自分に何ができるのか……女子格闘技も、競技人口も技術ももっと必要ですし、私ひとりじゃできないから、業界全体で盛り上げていきたい。それを担う役目が私にはあります」

——この本では飾らない、ありのままのRENAを見せてくれたと思うけれど、最後に一番伝えたかったメッセージを。

「人間、誰しも強くないし、心の中まで完璧な人間なんてひとりもいないと思うんです。みんな弱くて、恐怖心や不安を抱えながらそれでも毎日、必死に生きている。"ツヨカワクイーン"なんて言っていただいて、みんなに応援していただいてここまで頑張って来られた私ですが、正直、強い人間じゃないし、"カワ"なんて部分もないです。強いのは"我"だけで、見た目も普通にごつい（笑）。時として、隣の芝生はすごく青く見えるものだけど、一番大事なのは自分自身が楽しいと思えることを、ひとつひとつ積み重ねていくことなんじゃないかなって今は思います。それができたら絶対に幸せになれるはず。人生はつらいことが8割だけど、でも1回きりだから、とにかく毎日、楽しく生きること。みんなでそれを実践しましょう。私も頑張るから、みんなも！」

「人間、誰しも強くない。完璧な人間なんてひとりもいない。
みんな弱くて、恐怖心や不安を抱えながら
それでも毎日、必死に生きている。
私も強い人間じゃないし、自分を可愛いと思ったこともない。
でも、一番大事なのは自分自身が楽しいと思えることを、
ひとつひとつ積み重ねていくこと。
それができたら絶対に幸せになれるはずだから」

とにかく毎日、楽しく生きること

絶対、負けない！

RENA

レーナ／1991年6月29日生まれ、大阪府出身。シュートボクサー、総合格闘家。シーザージム所属。2007年12月23日、シュートボクシングデビュー。現シュートボクシング世界女子フライ級王者。女子立ち技打撃格闘技では圧倒的な強さを誇り、絶対女王と評される。2015年からは女子格闘技界を盛り上げるため、総合格闘技の『RIZIN』に参戦、2017年10月の『RIZIN.7』では女子初のメインイベントを務める。
公式Instagram■sb_rena

レーナ
RENA フォトブック RE:NA

2018年12月23日　第1刷発行

発行人　茨木政彦
編集人　志沢直子
発行所　株式会社　集英社
　　　　〒101-8050　東京都千代田区一ツ橋2-5-10
　　　　電話　03-3230-6143（編集部）
　　　　　　　03-3230-6080（読者係）
　　　　　　　03-3230-6393（販売部・書店様用）
印刷所　日本写真印刷コミュニケーションズ株式会社
製本所　共同製本株式会社

©SHUEISHA 2018 Printed in Japan

ISBN 978-4-08-788009-0 C0075

造本には十分注意しておりますが、乱丁・落丁（ページの間違いや抜け落ち）の場合はお取り替えいたします。
購入された書店名を明記して、小社読者係宛にお送りください。送料は小社負担でお取り替えいたします。
ただし、古書店で購入されたものに関してはお取り替えできません。
掲載の写真・記事等の無断転載・複写は法律で定められた場合を除き、著作権の侵害となります。
また、業者など読者本人以外による本書のデジタル化は、いかなる場合でも一切認められませんのでご注意ください。
定価はカバーに表示してあります。

STAFF

Artist　RENA
Photographer　熊谷貫
Stylist　設楽和代
Hair & Make-up　白水真佑子（ハワイ）
　　　　　　　　上田忍（浅草、ジム）
Art Director & Designer　須永真由
Printing Director
　渡辺穣（日本写真印刷コミュニケーションズ株式会社）
Location Coordinator
　Morris Silberstein（ACCY COORDINATION SERVICES）
Executive Producer　本間憲（株式会社レプロエンタテインメント）
Artist Producer　西原勝熙（株式会社レプロエンタテインメント）
Artist Manager　森谷吉博（シュートボクシング協会）
　　　　　　　　河村乃里子（株式会社レプロエンタテインメント）
　　　　　　　　古田南（株式会社レプロエンタテインメント）
　　　　　　　　福田空（株式会社レプロエンタテインメント）
Editorial Producer　宮崎幸二
Editor　西山麻美

Special Thanks to Angela Lee（イヴォルブMMA所属）
　　　　　　　　MIO（シーザージム所属）
撮影協力　シーザージム浅草
DOG DEPT CAFE（東京スカイツリータウン・ソラマチ店）
UNITED MMA & Fitness Center（ハワイ／ジム）
SURF N SEA（ハワイ／サーフショップ）
Manoa Valley Inn（ハワイ／B&B）